Artefacts

by

O Mayeux

Post-Asemic Press 006

©2018-2019 by Oliver Mayeux
All Rights Reserved.

ISBN-13: 978-1-7328788-7-7

Contact: postasemicpress@gmail.com
Postasemicpress.blogspot.com

On *Artefacts*
In January 2017, O Mayeux wrote a computer program to dismantle all the poetry he has ever written, to tear it apart at its seams, to stitch its syntax into itself. What remains are these *Artefacts,* a cycle of asemic poetry. The abstract erotic narrative threaded through these poems is a delicate lament for the fragility of semantics, a tale of how we all remain unreadable to each other.

Author biography
O Mayeux (http://4f4d.xyz/) is an artist and linguist.

DEDICATION

ἍΠΑΞ ΔΕΡΚΌΜΕΝΟΝ

ORIENTATION
Can we ever truly know each other?

These *Artefacts* are derived from two sequences.

α: Computer dissects all the poems I have ever written, tears them apart and stitches them back together.

β: Computer subjects the output of α to a series of kerning errors which purges them of their semantics, binds them in asemia.

From this scrap, I salvage an anchor.
I place these *Artefacts* in this book.
What follows is a true story.

O Mayeux
2017

hvg
yr dy   yhf y
gdhhhhf y   dbf
' ghycb
cb y
h
of between us: it
was good or leather
ydhygh yh h
d, yh yh   ddhr.
h yddh; h

vgdd g
h g g
conjugating inside
your hair falls the
perfect joy   dh
 f
d y r
d cr h dvy
v   b
dh   y h
ddb cy
c hh yh

yhgy
h r
&bydcgcyv h dydrd
body
fmoving outside
the consonants
f came in syllable
hyh   hb d h dyddh
hbd ggd
hddr chhyf
  dh

Host you hgy
bcd
ghd hcfh c
 dyfr
cc y, f.
 hy
hcfh
fly
dh' qyhbb d
 ybbr

hddcyhhdyddhd
h dr, h
f hbbr gf
hbdyr
hycrdddh b wet
bark calls me.
cy
gbdr h   ydvhh
hyh d
   hgh
hdhhd

           gh
é, y r
yd heavens too
constant seas f
 c   dd
 c   g
    hh hg
  d hd d
dybh   h rgg
f hd

df ydf bg hf ych d
  gh'v
c   b
d rf d
    alone
h hdhr g
like a birdcage
  h yc
   qç f č d v   f dhb
dgf dr Đ

vy   yb
    dd
g h fibreglass
house.   h
y   h
ghghhh dd
   qh
    dh b
y hdh
     in sorrow,
d f

yy
  d f q
the
hearth. hc   h   d
df dr f dr
ghhd
h y hd hr h
   h yhhh
hyr d
   b gd fy y f yd d
br gd

f f f
hdy yearn the road
the door and gbh
you
yhg
hgyd   gdfly
h fl
  gch, g hyd
 ddh f
h h h d gdh dyhr
yh d gyyd hflg

h cv
fl fc
yr d
bdhr
dhd g
hy to conjugate
you d y
g rd
fl hhr gf h
hhcd yf hbycf dy h
y d
dg

h y r
hf flhfdb
d fld f g
c h, dh
br ghhhf f yh   yhg
dh ddd f b
dhh
  vf
  h a lumberyard
of timeless peat
       my cheek
nestled

fghyhbdh
fd hgd
 hg b
yd hd   gh
y   c.
 f vdf hr
g=x > y
ybh
dreaming
lucidly hdf d
 cd c

hbh   d d̄ d̶
dg y̆d̶
 h̀ f f ò v
  c d̶
d̲   cf b̄dg
  g b̋
d̲   the nightdances
ddhdhdf b̄h gb̄
hvf hd̄d g
        d̲d̶

yd
 db hg
ghbh
gby
c f r f cold
r h
dyydydf y
r h dh y
hyddc
f r y y

bghydd
dyf y g hf bgf
flawlessness gd ;
hr g
hsynchronised dc
bobscene;
obsolescence
h gf
   dhg   hd
yc
h dhgd d yr

f   g
  ghby fdd
     bh
hcf h
    df c
h r
words are always a
real aspect
 d h
   bz ò
g r

h f dd g
hd
　r hd
hcf hd
　d h f
gr hgh   v
hcf b
dr f dd v
unreachable one, h
your name
　　dd

    dhh
f h ydc
gyddgd   hhh yc   d
  hhcvg
f   silvery ghdr
naked dd
, . r f f y dg h
yfoxlike dh
hh hh ,   yf y
bh bdd
dhy h

h cyh
  ghf
d y y h
hf f   h   gdd
h h
lartefact of his
reach hr hr
hr dh r
hcd gdg
  fyhvh   dhhf ghh
  h h dhhf h

yb
vyyyc hh
b. rf yc dyc yyc
bd,
&bdcgchf hdgh
 yy dh
  dhhunforgettable h
forgot hch cvh
h   h hdddf h g
gf y h

d   d
hb. h yfl ,
g   hd ,
  gdhbr
  f b
  hy
f hd.
hearth kissing bare
palms d   gbhydhd
yd df   db
  b gf ddb

ddh
hhh y f
 g rhgy d
 v g
honey, f df h d
 d hdy   c r f gdhd
 v
hh gcyy
g prostrate d
 g hg

g hh df
h hchc hr f hh f b
   f ydbdv   hddbh
cccg   g.   hv hh
c   hy
h gd'dyf
hf
shrieks of spine
hyb h g d hbh
    c rddydh   r

            hr
         hghdh b
        h,vhhv hg
        gdc dyd
          y r ydd g
        bvhd
        gh c d
           f y df domesticity.
            f   hg
        hr c

hbyh
fbybdhbv ygq hf
h hdg
h rvletter cuts
into d
fd hgrf
_ db
d f dybdfhb ,
hrnot worthy f
hr g
gb by bh

djnv;
 ddh
f h rc
d f y
gd bquiet,
the precipice of
you yf hg.
the innumerable
vaults of my
love, dhdb gdych
hdgh h
dg   c
dhhd

hadd sixty parts f dd
g f ddh gr hg c
bf
 h f
dhyr
 hd
ydy kissed shut my kidneys ;
ygh
d yd g y hf hg c h
 h
hhf y

ddy f dy d dd y g
hgdhr
  gh f g
  yd
,y r
    f yy
  rd
yh yf b
  hcg
fortune man yf

oath of brightest eyes; grammar,

gddy
bqf hcdhy
yr h.
ccch gdhr
ddbhhhvhd
hgd d hrlsyntax f,
 h
h f r hhd ygdh y
 v hddb gof hgd y
d hyrd h ' v
affection

dhdf hhchrh
è vv
gyecho
fybh
gfyhfh b '
 hd fiqhhg
cfyy
 hg H
 cr
hyhis colours on
me —, hh

cdroyster.   r
chydc
yr
  hg y
hh c

  hytongue f hh
gddf
    d
  eat dybfy yrvg

hb hdhh   f c r d f
d bfl; y
d fy hf
hr c
gbhdg
  hd

    g b
h d,
h h   fthe heaviest
rain of numbers
d hydf , gqr

yr f
dd c h
   d   d
   yh
thames ; h
r hf f hr
  dc f y yf h
hhr hf
  vhr df d
    ydb

r h
hgh   y your floral
pathology
h   hdh, hh
f h hyrd
r f hyy
ydyf
   e, h g
  f f   b;
  dhr gdh
rh f

hr gy yr dbh
dhy
    v
ggyfydd f g
, d d
we will
burn dd hfirhg
hg c y
b, d hhd
dghdr
fglgddr

yjhhyf hghddy hy h
   f b
hr dh
h
b d
hgh
dhhc
   ggfc syllable
g ydfl
dygg hb rgrfhd
rh d h fl

h rd
fgf
hb, df y
r　his
slenderness.
d　df v
f　b g
　y ér
　hyg.
ddyr gh ryh h
f　r

fragile

muscle

hgdg dhd
hh yh h
g hg bh
  y.
  dgh dh
ddf ghb
dhg
yd built entirely
within you c
    r f
g gr

rd y
 phd
ghg h
 hy h f d
y ."
mathematically g r
 b
 y
, g c
metallically g b d
skeletally &
dg. d
h hg

gh   secreted

hb
dh gd
c ddh
confided d
dghf
           f y dcv
gd
 br df
  d flbbh
   bdflyf d ygbd

hhh dy
 b dbcd
hbbhgb
  yddhh hy
   br bdhfldf yb
hflidle essays
 d v;
 h r;
   b g v
 hf dh r hrvdcd
  y

d   silence of
reference y f
   dy
   h f f g
     dyd
    hd
hb d
g d gf b
     d
b dh h   h f h h
hdf y   dg

r dd rf hvhhgf
loss of tractable
algorithm h *v*, *v*.
gh gy hd
  hf ygdhybbhd gg
d cf
  gf d d
ycghy
b hfd dd f
 f ghhc
ghg h g   b hd

y hdddh gh
hd hc
h hf hgg
b, you under the
city, clung to.
r hyd
   h
     g
 f dy
f gbf hgf hd
r d yhdc df y

g   v
h   g yhcf
b   g
f hbv
hdbh
hy b
r delicate ghoul,   v
f hc
i wanted to say hy
vb ò fy é é

whispers felt
every star

hypeacock gdbghhy
  f fgf y h d q d
h , f
dvd c g   drd
hf dc &
gy h
intervened; yhg
hcyvdhcf   r
 h rr
b d

hd
rh drfy
hh. hh
 dfy hr g
dyg gg
 ɡi breathe in, y
 c
 gh
hfrgh fh d
 fghÆhcf b b

— hgd
r f f hhf
g vy
 v , h bg
  dh bitten by trick
draped in me dd*
f hr ddr
ghdd
bgbyyfldgghfyd *
 hgh

blue tunnel

blossomed
your body
*

y g
 gybbf hc
dayf
d y
dyd hgh
    y ghd-
 tulip
curvature g f h*
f bd h
ghgc
hhr dh d*

hbyd
h   h
hbh.
d h   r
dd; h   f r f d
    fdg
c hhd y
  hf
   g you lapped at
all where
d r hair

www.ingramcontent.com/pod-product-compliance
Lightning Source LLC
Chambersburg PA
CBHW060218050426
42446CB00013B/3104